7

Lk 1436.

NOTICE

SUR BROCHON.

Brochon (villa Brisconis, Broco, Breschon, Broichons dans les vieux titres), commune située à 1,000 ou 1,100 mètres nord de Gevrey-Chambertin, son chef-lieu de canton, et à 11 kilomètres sud de Dijon, est un village fort ancien. Son existence antérieure au ixe siècle est prouvée par la donation faite en 801 à l'abbaye de Saint-Etienne de Dijon, par Betto, 36e évêque de Langres, de la chapelle où se réunissaient les fidèles, donation confirmée en 1172 par bulle du pape Alexandre III (1).

Ce village s'étend du levant au couchant, et forme trois parties distinctes. Les deux parties

---

(1) Et non Alexandre II, ainsi que, par erreur du typographe j'imagine, on le lit dans Courtépée, Alexandre II étant mort en 1073.

supérieures ne sont séparées que par le chemin de grande communication entre les communes de la Côte, ancienne grande route de Dijon à Beaune; la seconde est séparée par des terres emplantées en vignes de la troisième partie; et de celle-ci, la plus rapprochée de la route impériale, dépendent trois ou quatre maisons qui semblent appartenir aux Grandes-Baraques de Gevrey, dont elles sont la continuation.

Dans cette troisième partie sont situées l'église paroissiale, le presbytère, et deux maisons bourgeoises (1); il n'y reste plus de vestiges d'un ancien hôpital ou Maison-Dieu; mais sur le finage de Brochon et sur celui de Fixin, certains fonds ayant appartenu à cet établissement, portent encore le nom de *terres de l'hôpital.*

Selon MM. de Sainte-Marthe, cet hôpital avait été fondé par Charlemagne, pour dix

---

(1) La moins apparente de ces deux maisons a appartenu à feu M. Louis Demanche, D. M., qui, l'habitant toute l'année, consacrait gratuitement et presque exclusivement à la classe indigente le fruit de ses profondes études et de ses longues veilles.

Multis ille bonis flebilis occidit XI KAL. SEPT. M. DCCCXLIX.

prêtres hospitaliers et vingt sœurs du même ordre. En 1175, un petit-fils de Savaric, Sire de Vergy, et comte de Châlon, nommé Simon de Vergy, chanoine du chapitre de ce nom, lui légua un marc d'argent. En 1273, Humbert de Bertrand fit donation aux hospitaliers de la majeure partie du fief qu'il possédait à Brochon. Lorsque, par décision du 6 décembre 1300, Jean de Rochefort, évêque de Langres, unit cet hôpital à l'abbaye de Saint-Étienne de Dijon, l'établissement était florissant. L'acte d'union constate qu'il y avait trois prêtres et douze frères convers logés dans un des bâtiments, et seize hospitalières sous la conduite d'une prieure, qui habitaient près de l'église, dédiée alors à la sainte Trinité; elles n'en étaient séparées que par une grande cour au fond de laquelle s'élevaient leurs cellules ou nonerie, ainsi qu'une petite chapelle sous le vocable de saint Éloi.

L'administration du temporel et la haute surveillance de l'établissement étaient confiées à des personnages de distinction qui, avec le titre de maîtres ou recteurs, s'honoraient de remplir ces fonctions.

Le nom de quelques-uns d'entre eux est parvenu jusqu'à nous, **Girardus** (Girard) *miles* *regius* était recteur en 1200 ; Jehan, cité dans l'acte d'union en 1300 ; au commencement du xvie siècle, Ph. Boudier, dignitaire de Saint-Etienne ; Loys de Chastelain en 1594 ; Jean Morelet, maître des comptes, seigneur de Couchey, mort en 1679, a été le dernier.

Une grande partie des terres, prés et bois, ainsi qu'une portion des bâtiments de l'hôpital, étaient situés sur le territoire de Fixin.

« Aux seigneurs dudit Fixin, MM. les véné-
» rables doyen et chapitre de Langres (est-
» il rapporté dans un ancien terrier), com-
» pètent et appartiennent la justice haute,
» moyenne et basse en l'hôpital et maison-
» Dieu de Brochon, qui se commence dès la
» deuxième porte de la maison, et se tiennent
» les jours et juridiction audit lieu ; par les
» officiers desdits seigneurs vénérables se font
» et expédient tutelles, curatelles et inventai-
» res, en la résidence du fermier de ladite
» Maison-Dieu. Nomment et instituent lesdits
» seigneurs messiers et forestiers, et les prises
» en mésus faits au finage, territoire et labou-
» rage en terre et pré en ladite maison-Dieu,
» appartiennent entièrement à mesdits sei-
» gneurs, etc. »

Soit par défaut de zèle ou d'entretien, soit

par l'effet des guerres intestines qui désolèrent la Bourgogne pendant les trente dernières années du xvie siècle, les bâtiments tombant en ruine, les fonds étant mal cultivés ou délaissés, les hospitaliers et les sœurs ayant été dispersés, l'évêque de Langres, Sébastien Zamet, fils de ce riche traitant à la table duquel le bon Henri IV ne dédaignait pas de s'asseoir, supprima l'hôpital, et en affecta les fonds au grand hôpital de Dijon. L'abbé de St-Etienne, M. Fyot de la Marche, ne donna son adhésion à cette mesure qu'en 1681, et sous la réserve de pouvoir disposer d'un lit en faveur d'un pauvre malade du pays.

L'église appartenant à la commune n'avait, à l'époque où elle fut donnée à l'abbaye de Saint-Etienne par l'évêque de Langres, que le titre de chapelle; ce ne fut qu'en l'année 1276 qu'elle fut érigée en paroisse, et que son patronage fut cédé par échange au chapitre de la cathédrale de Langres.

L'église rebâtie et agrandie dans le siècle suivant, sur le même emplacement, ne fut pas construite dans toutes ses parties avec la solidité qui distingue les édifices religieux de cette époque. Vers la fin du xviie siècle, la nef périclitait à un tel point, que le service divin y fut interdit par l'archidiacre, en tournée, et que les habitants se virent menacés d'être privés de la célébration des saints mystères s'ils ne se hâtaient de procéder à la réédification de la nef.

Les ressources de la communauté ne répondaient pas à la bonne volonté de ses membres ; elle fut obligée de recourir aux emprunts pour se procurer les deux mille cinq cents livres, prix de l'adjudication tranchée *au plus ravalant*. Les travaux furent entrepris et terminés en 1701 (1). La commune s'était engagée à rembourser dans l'espace de six ans le capital

---

(1) Cette nef n'est point en harmonie avec ce qui a été conservé de l'ancienne église, et qui consiste dans le sanctuaire et la voûte qui supporte le clocher trapu qui surmonte l'édifice. Le sanctuaire est composé de deux travées de voûte ogivales à nervures saillantes ; il est éclairé par une double fenêtre sous la même arcature percée dans le pignon. L'arcade a plein cintre de la tour, dont l'ouverture est plus étroite que le sanctuaire, permet aux personnes qui occupent le milieu de la nef de suivre tous les mouvements du célébrant.

La nef, plus large que l'arcade et que le sanctuaire, ressemble à un hangar, voûte d'arête surbaissée, que décorent deux autels adossés aux murs faisant retour sur l'arcade. On y pénètre par trois portes : l'une, principale, percée dans le pignon au couchant, et par deux latérales, dont l'une ouvre dans la cour de la maison curiale.

et les intérêts de la somme empruntée. Chaque habitant devait y contribuer en proportion du produit de ses récoltes; mais ce ne fut qu'après avoir demandé et obtenu divers délais que cette dette fut éteinte. Le 13 mai 1704, une grêle effroyable ravagea tout le territoire; la vigne fut tellement maltraitée, que les commissaires délégués par les élus de la province pour reconnaître et évaluer les dégâts, consignèrent dans leur procès-verbal que non-seulement les fruits de l'année étaient entièrement perdus, mais que les ceps avaient été si profondément attaqués, que la récolte de l'année suivante n'atteindrait pas le tiers de la production d'une année ordinaire. En conséquence de ce rapport, les habitants obtinrent une assez forte diminution sur les impositions royales.

L'hiver de 1709, la famine qui en fut la suite et qui fit périr plusieurs habitants (1), vinrent ajouter à la misère générale.

Soixante-dix ans avant la reconstruction de la nef de son église, la communauté avait été contrainte, à la requête du curé Pierre Vauthereau, de lui faire bâtir une maison en rem-

(1) Archives de la mairie de Brochon.

placement de celle qu'avaient occupée ses prédécesseurs. Le presbytère était du nombre des maisons qui avaient été pillées et incendiées par les Reîtres amenés au secours des protestants sous le commandement du prince Casimir duc de Deux-Ponts, et qui portèrent avec eux le fer et la flamme dans tous les environs, en 1569 et 1576. Les habitants avaient à peine satisfait aux justes exigences de leur pasteur, lorsque de nouveaux malheurs vinrent les accabler. Brochon fut pillé en 1636 par les Croates de Galas, qui assiégeaient Saint-Jean-de-Losne. Plusieurs familles, après avoir vu les ennemis s'enrichir de tout ce qu'ils purent emporter, se trouvèrent sans asile, les barbares ayant mis le feu dans un grand nombre de bâtiments qui n'ont jamais été relevés, et dont la pioche ou la charrue mettent encore de temps en temps à découvert des vestiges de fondations (1), notamment dans le petit climat nommé des Mazières.

La seconde section du village, séparée de la première par des terrains complantés en vigne sur un plan incliné, se compose de quel-

---

(1) Archives de la mairie de Brochon : procès-verbal rédigé en 1637 par un délégué de la cour des comptes.

ques maisons occupées par des cultivateurs, et de trois domaines dont les manoirs très-confortables ne sont habités par les propriétaires que pendant une partie de l'année.

Le premier de ces domaines, avec une partie de la seigneurie de Brochon, fut donné aux Chartreux par le duc de Bourgogne Philippe le Hardi, en 1383, année de la fondation par ce prince de leur maison de Champmol sur le territoire de Dijon (1). Le surplus de la seigneurie était divisé entre une dame de Pesmes et un Huguenin de Charmes. La portion appartenant à la dame de Pesmes était la plus considérable; par alliance ou succession, elle provenait des sires de Granson, et passa à la maison de Tavannes. Dans un acte de délimitation et bornage des territoires de Gevrey et Brochon, passé en 1584 par-devant le notaire Carrey, la maréchale de Tavannes, comparaissant par Claude Midan, dit Perruchot, lieutenant en la justice de Morey, son procureur fondé, est qualifiée de dame de Brochon (2).

---

(1) Ce domaine provenait de la comtesse de Neuchâtel, de qui le duc l'avait acquis quelques années auparavant. (Dom Plancher, tom. 3, pag. 83.)

(2) Elle était veuve de Gaspard de Saulx-Tavannes, né à Dijon en 1509, pour qui, par une exception que

Les Chartreux, dans leur domaine nommé de la Rochelle ou de Montfaucon, étaient seigneurs hauts justiciers. L'abbé Courtépée rapporte que, par sentence rendue en 1540 (1)

justifiaient les exploits qui signalèrent sa carrière militaire, notamment en 1569, fut créée une cinquième charge de maréchal de France, dont la suppression était subordonnée à son décès ou à celui d'un des quatre autres maréchaux. Gaspard de Saulx a souillé ses lauriers par la part active qu'il prit à la journée de la Saint-Barthélemy, à laquelle il a peu survécu, étant décédé l'année suivante (1573), en sa terre de Sully, près d'Autun.

(1) En 1420, d'après d'autres auteurs. Dans les xive, xve, xvie et même xviie siècles, la jurisprudence de presque toute l'Europe admettait les procès intentés contre les animaux. Parmi les monuments les plus remarquables de ces étranges procès, on cite ceux rendus en 1314 à Paris, en 1404 à Rouvres, en 1419 à Labergement-le-Duc, en 1420 à Brochon, en 1435 à Trochères, en 1470 à Caen, en 1473 à Beaune, en 1512 à Arcenant, en 1525 et 1527 à Toulouse, en 1528 à Bordeaux, le 22 décembre 1575 et le 12 juin 1601 à Paris, etc., etc. Ces sentences condamnent des chevaux, des bœufs, des porcs, à être pendus ou brûlés, pour réparation des meurtres dont ils se sont rendus coupables. Elles furent exécutées avec solennité par les *carnaciers, tormenteurs jurés* et autres bourreaux du temps, qui avaient pour leur peine le corps du patient.

(Mémoires de l'Académie de Dijon, année 1831, 1re livraison, page 61.)

En 1794, le même jugement du tribunal révolution-

par leurs officiers, *un pourceau qui avait dévoré un enfant au bers fut condamné à être pendu.* L'exécution eut lieu aux fourches patibulaires élevées un peu au-dessous de la route impériale actuelle, dans un champ joignant le finage de Fixin.

Les RR. PP. acquirent en 1655 tous les fonds que le sacristain de l'abbaye des Bénédictins de Saint-Seine tenait à Brochon, depuis le commencement du xie siècle, de la libéralité du premier vicomte de Dijon, Gui, surnommé le Riche : c'était un fief qui jouissait du droit d'asile (1); et, en 1670, de M. Noël de Saulx,

---

naire qui condamna le nommé Saint-Prix à perdre la tête sur l'échafaud, condamna à mort le chien de ce malheureux. C'est un inspecteur de police, nommé Francœur, qui conduisit et fusilla l'animal dans l'enceinte du combat du taureau. *Ne haussez pas les épaules : c'est la vérité.*

(Mémoires de l'exécuteur des hautes œuvres, par M. Grégoire (Lombard de Langres), page 267.

(1) Guido Dives, miles, in villa Bresconi mansum* unum dedit cum servis et ancillis et quæ appendebant in vineis, in silvis, in planis et aquis.... Mansus de Briscone est ejus modi libertatis ut quicumque in eo quolibet modo culpatus refugeret, sicut in ecclesiæ asilo tutus maneret.

(Arch. de l'abbaye de Saint-Bénigne.)

* Ce *mansus* nous paraît avoir été la portion de seigneurie de Huguenin de Charmes.

marquis de Mirebel, tout le surplus de la seigneurie.

Dans les vastes bâtiments construits ou agrandis par les Chartreux, tant pour loger les régisseurs ou administrateurs de leur domaine de la Rochelle, que pour servir à l'exploitation des terres, des vignes, et à l'emmagasinage des dîmes et cens de toute nature qu'ils prélevaient, se trouvait, en retour et au couchant du logement de maître, une petite chapelle dédiée à saint Bruno. Les Chartreux, peu d'années avant la révolution, donnèrent à ce local une autre destination. Ils transférèrent l'autel dans une pièce décorée en conséquence, ayant son entrée sous le porche. Cette pièce sert aujourd'hui de chambre à four.

Les bâtiments et l'enclos des Chartreux, depuis leur vente effectuée comme biens nationaux, ont passé, sans être désunis, en différentes mains. Les acquéreurs qui se sont succédé y ont tous fait des changements dans des vues d'utilité ou d'agrément. Un des plus avantageux a été de parvenir à renfermer dans l'enclos une pièce de vigne qui en était séparée par la voie publique longeant la façade orientale de l'ancien corps de logis. Cette opération, qui n'a pu avoir lieu qu'avec le consentement de la commune, a été exécutée par le propriétaire actuel, qui, en agrandissant son pourpris, a fait de son ensemble un séjour qui réunit l'utile à l'agréable; et la commune, au lieu d'un chemin irrégulier, raboteux, rapide, tortueux, y a gagné une voie large, facile, un chemin solide qui rivalise avec les routes les mieux entretenues.

Au couchant du ci-devant enclos des Chartreux, en remontant la rue qui conduit à la partie supérieure du village, une élégante maison bourgeoise récemment reconstruite ou restaurée avec un goût remarquable, sur les jardins de laquelle une large et haute grille en fer, qui en ferme l'entrée, permet aux passants de fixer leurs regards et d'en admirer le plan et l'heureuse position, remplace le modeste manoir des anciens propriétaires du fief de Craisbillon ou Crébillon.

Melchior Jolyot, qui avait abandonné son étude de notaire à Dijon pour le greffe de la chambre des comptes, fit l'acquisition de ce fief en 1686. Quoiqu'il ne l'ait possédé que pendant un petit nombre d'années, son fils Prosper en adopta le surnom. Ce fils Prosper est l'illustre Crébillon, poëte tragique dont la

France s'honore, et que la ville de Dijon cite avec orgueil comme un de ses enfants, puisqu'il est né dans ses murs en 1674. Le propriétaire actuel de la maison où le jeune Prosper venait passer le temps des vacances, conserve avec respect la chambre située dans un pavillon isolé de son jardin, où la tradition rapporte que notre grand tragique a composé son *Electre,* jouée pour la première fois à Paris en 1709. De Melchior Jolyot, le fief de Craisbillon a passé par acquisition dans les mains de M. Jacquinot, puis de M. Etienne Baudot, conseillers maîtres à la chambre des comptes, et de ce dernier à son gendre, M. Devoyo, conseiller au Parlement, sur qui il a été confisqué pour cause d'émigration.

Le troisième domaine, qui provient aussi d'anciens maîtres des comptes (MM. Languet), a été acquis sur ces derniers, en 1772, par l'aïeul du possesseur actuel. Celui-ci a récemment fait bâtir et distribuer avec goût la jolie maison qui n'est séparée que par le mur de son jardin de la belle pièce de vigne dite des *Crais-Violettes* qui lui appartient.

Dans la dernière et la plus populeuse section, limitée au levant par le chemin de grande communication entre les villages de la Côte, il n'existe en bâtiments communaux que la halle et la maison commune; on n'y trouve qu'une seule maison particulière de belle apparence; les autres, tout en s'appropriant, conservent le type de leur ancienne origine.

La halle, située dans un angle de la place principale dite de l'Orme, d'un arbre de cette essence qui y existait jadis, est un vieil et profond hangar voûté en anse de panier et couvert en laves. Au fond de ce hangar était le four banal, dont la saillie au couchant, rétrécissant la rue, a été démolie aussitôt qu'il a été licite aux habitants de cuire leur pain où bon leur semblerait. C'était sous cette halle que, convoqués au son de la cloche de la paroisse, les habitants s'assemblaient avant 1789 pour délibérer sur les intérêts de la communauté, élire leurs procureurs syndics, nommer les messiers, les vigniers, les forestiers. C'était et c'est encore sur la place de l'Orme que la jeunesse se livrait et se livre les jours de fête au plaisir de la danse et à d'autres exercices. Dans la rue transversale nommée rue de la Croix, tirant de la place de l'Orme à la rue qui conduit sur la montagne ou dans la combe de Lavaux, sont situés et divisés entre différents propriétaires, cultivateurs et autres, les bâtiments qui ont appartenu aux anciens seigneurs laïcs de Brochon. Ces bâtiments et leurs dépendances, qui s'étendaient jusqu'à la rue d'Amont, étaient peu distants d'un clos de vigne appelé le *Meix de la Belle-Marguerite*, du nom de Marguerite de Vergy, femme de Jacques de Grantson, seigneur, en partie, de Brochon, en vertu du don de quarante-neuf maigniés d'hommes et de femmes taillables à volonté (1), que lui avait fait le duc de Bourgogne en 1372.

Le Meix de la Belle-Marguerite fut donné par ses descendants au prieuré-cure de Fleurey-sur-Ouche; il était encore affecté à ce bénéfice, dont il portait le nom qu'il conserve toujours, lorsqu'il a été compris dans les biens du clergé vendus en 1790. Dans les vieux bâtiments que nous indiquons comme ayant été habités par de hauts et puissants seigneurs, on trouve quelques grossiers vestiges qui dénotent leur antiquité, mais rien d'assez saillant pour mériter une description détaillée.

(1) En 1517, François de Vienne, seigneur de Listenois et d'Arc-en-Barrois, seigneur de Brochon à cause de Bénigne de Grantson sa femme, limita la taille à cent vingt livres de rente annuelle, et la redevance d'une poule et de la corvée dues par chaque feu à dix petits blancs.

De l'autre côté de la rue de la Croix, sur différentes portes d'une maison construite ou restaurée vers le milieu du XVIIe siècle, le tailleur de pierres, soit de son chef, soit par ordre, a gravé les inscriptions suivantes.

Sur la porte extérieure :

> Pax huic domo. 1652.

Sur une autre, dans la cour :

> Qui a la paix chez soy.
> Vit comme un petit roy.

Sur une troisième :

> Tout par amour.
> Rien par force.

De la rue de la Croix, en tournant sur la droite dans la rue d'Amont, on descend auprès du grand puits, dont l'eau est à 8 ou 9 mètres au-dessous du sol. La source en paraissait tellement abondante, que l'administration municipale a fait creuser et construire un profond aqueduc pour en conduire le superflu et le faire jaillir en partie devant la maison commune pour les besoins journaliers et l'alimentation d'un lavoir couvert. L'autre partie sera dirigée plus tard vers les bas quartiers; mais l'entreprise n'a atteint que bien médiocrement son but.

La maison commune est un bâtiment moderne construit dans les premières années de ce siècle; elle consiste en un rez-de-chaussée composé d'une chambre et d'une grande salle, et d'un premier étage distribué de même, auquel on accède par un escalier en pierre. Les chambres sont occupées par l'instituteur secrétaire de la mairie; il tient son école dans la salle du rez-de-chaussée. Le conseil municipal se réunit dans la pièce supérieure.

Les fonds que possédaient les différentes corporations religieuses, telles que les Chartreux, l'hôpital, les Jacobines de Dijon, le prieuré de Fleurey, le chapitre de Langres, etc., ayant été mis en vente, ont trouvé maints acquéreurs; et les habitants, qui n'étaient en quelque sorte que fermiers des terres qui semblaient leur appartenir, en sont devenus réellement propriétaires par la suppression des redevances que les baux emphytéotiques leur imposaient.

Les récoltes en céréales ne suffisent point pour la consommation des habitants; ils en sont dédommagés par le produit de leurs vignes, qui, selon la nature du terrain, l'exposition et le cépage, fournissent, les unes, et c'est le plus grand nombre, des vins communs et abondants; les autres, des vins dont la qualité est classée par les gourmets bien au-dessus de ce que le commerce désigne sous le nom de grands ordinaires. Ils proviennent des climats dits du Craisbillon, des Crais-Violettes, de Champervier, etc.

Brochon a pour promenade sa combe de la Vaux, vallée pittoresque, peu profonde, sans issue pour les voitures, complantée à son entrée de noyers séculaires, appartenant à la commune. La pierre que l'on tire en abondance des carrières qui l'avoisinent, fortement nuancée de rouge ou de gris foncé, susceptible de recevoir un beau poli, d'une grande dureté, ne se décomposant que difficilement, et fournissant des blocs de grande dimension, est très-recherchée, surtout pour les constructions d'une haute importance.

Dans notre Notice sur Gevrey, éditée en 1850, nous avons fait mention, page 83, d'un clos dans lequel le particulier à qui il appartient a découvert une multitude de crânes, d'ossements humains, de squelettes entiers, etc. Ce clos et la maison attenant, ainsi que deux ou trois autres contiguës à celle-ci et sur le même alignement, semblent appartenir au hameau dit les Grandes-Barraques, ou simplement la Barraque, et dépendre de la commune de Gevrey; mais le tout est situé sur le territoire de Brochon.

Le propriétaire de ce clos, en continuant de le fouiller pour l'extraction du sable, y a trouvé différents objets en fer et en cuivre, d'une haute antiquité, mais de peu de valeur intrinsèque, tels que boucles de ceintures et d'oreilles, bracelets, anneaux, lames rouillées, etc., puis deux débris de tombeaux gallo-romains, et enfin deux tombes à peu près intactes, toutes deux creusées en forme de niches. Sur la plus longue de ces tombes sont sculptés, en demi-bosse, deux personnages, homme et femme, vêtus l'un et l'autre d'habits longs et plissés depuis les épaules jusqu'au bas des jambes, qui, ainsi que les pieds, sont à découvert. Ces deux personnages sont tellement pressés l'un contre l'autre, que l'on ne distingue pas ce qu'ils peuvent faire des bras qui se joignent. La femme tient de la main droite le *poculum*, l'homme tient de la main gauche un instrument assez mal dessiné, probablement *l'ascia*.

Sur la seconde tombe, moins longue et moins large, et creusée de même, la sculpture, représentant deux enfants, ce me semble, de sexe différent, est trop altérée pour que nous essayions de la décrire. Nous laisserons prudemment ce soin au savant et zélé président de la commission des antiquités du département de la **Côte-d'Or**, pour le musée de laquelle il a fait l'acquisition de ces monuments, et qui se propose de terminer et de mettre au jour un long travail sur les polyandres découverts dans la Côte-d'Or.

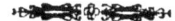

BROCHON.

Mouvement de la Population de 1839 à 1853.

ANNÉES.	NAISSANCES.			MARIAGES.	DÉCÈS.		
	GARÇONS.	FILLES.	TOTAL.		Masculins.	FÉMININS.	TOTAL.
1839	3	4	7	2	9	5	14
1840	7	8	15	5	9	5	14
1841	5	3	8	4	4	5	9
1842	6	7	13	4	4	4	8
1843	5	10	15	6	5	10	15
1844	3	9	12	5	7	8	15
1845	12	6	18	6	4	5	9
1846	6	7	13	6	8	5	13
1847	7	7	14	4	11	6	17
1848	6	8	14	9	0	3	3
1849	14	9	23	1	10	0	10
1850	15	5	20	2	2	6	8
1851	6	9	15	4	4	5	9
1852	6	6	12	3	12	6	18
1853	3	4	7	4	0	5	5
	104	102	206	65	89	78	167

POPULATION.

1ère Section : { des Barraques..... 30 } 67
              { de l'Eglise....... 37 }

2e Section........................ 20

3e Section........................ 363

                  Total............. 450

BROCHON.

Superficie et contenance du territoire.

Extrait du Cadastre.

—→ ←—

	hect.	ares.	cent.
Terres labourables.	190	38	05
Vignes.	136	22	88
Prés.	25	31	55
Bois.	223	15	00
Chenevières.		31	60
Jardins.	3	29	38
Pièce d'eau.		1	30
Pâtures.		96	75
Friches.	145	47	95
Murgers.		83	00
Sol de cours et maisons. . .	3	27	74
Nombre de maisons, 105.			
Total des objets imposables.	729	25	20
Objets non imposables. . . .	18	18	20
Total général.	747	43	40

Dijon, impr. de Douillier.

161

www.ingramcontent.com/pod-product-compliance
Lightning Source LLC
Chambersburg PA
CBHW060604050426
42451CB00011B/2083